JN076794

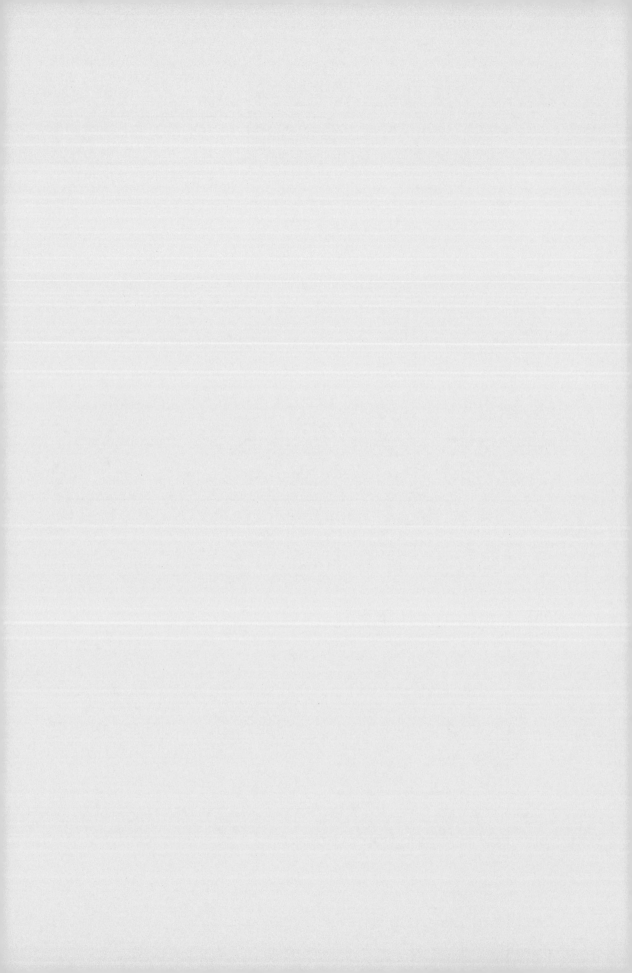

営業に必要な数字

大久保　聖 著

職業訓練法人H&A

◇ 発行にあたって

　当法人では、人材育成に係る教材開発を手掛けており、本書は愛知県刈谷市にあります ARMS 株式会社（ARMS 研修センター）の新入社員研修を進行する上で使用するテキストとして編集いたしました。

　ARMS 研修センターの新入社員研修の教育プログラムでは、営業コースをはじめ、オフィスビジネスコース、機械加工コース、プレス溶接加工コース、樹脂加工コースなど全 18 種類の豊富なコースを提供しております。また、昨今の新型コロナウイルス感染拡大を受け、Zoom※でのネット受講でも使用できるように、できる限りわかりやすくまとめましたが、対面授業で使用するテキストを想定しているため、内容に不備があることもございます。その点、ご理解をいただければと思います。

　本書では新入社員研修の内容をご理解いただき、日本の将来を背負う新入社員の教育に役立てていただければ幸いです。

　最後に、本書の刊行に際して、ご多忙にもかかわらずご協力をいただいたご執筆者の方々に心から御礼申し上げます。

2021 年 3 月

職業訓練法人　H&A

※Zoom は、パソコンやスマートフォンを使って、セミナーやミーティングをオンラインで開催するために開発されたアプリです。

◇ 目次

第1章　企業の活動とその物差し　〜数字の持つ意味〜

01　企業の活動サイクル　　　　　　　　　　　　　　　8

　　１．企業の活動　　　　　　　　　　　　　　　　8
　　２．小売業　　　　　　　　　　　　　　　　　　9
　　３．製造業　　　　　　　　　　　　　　　　　　10
　　４．サービス業　　　　　　　　　　　　　　　　11

02　物差しとしての数字　　　　　　　　　　　　　　12

　　１．会社の行動としての数字　　　　　　　　　　12
　　２．なぜ数字が必要なのか　　　　　　　　　　　12

03　これから学習すること　　　　　　　　　　　　　14

　　１．事例1　　　　　　　　　　　　　　　　　　14
　　２．事例2　　　　　　　　　　　　　　　　　　14
　　３．事例3　　　　　　　　　　　　　　　　　　15

第2章　売上はどうやって増やしたらいいだろう？〜売上の分解〜

01　売上の基本構造　　　　　　　　　　　　　　　　18

　　■　売上とは　　　　　　　　　　　　　　　　　18

02　売上の分解　　　　　　　　　　　　　　　　　　19

　　１．売上＝単価×数量　　　　　　　　　　　　　19
　　２．数量の分解　　　　　　　　　　　　　　　　20
　　３．単価の分解　　　　　　　　　　　　　　　　21

03　分解した項目へのアプローチ手法　　　　　　　　22

　　１．単価を増やすには　　　　　　　　　　　　　22
　　２．数量を増やすには　　　　　　　　　　　　　23

04　価格の決定　　　　　　　　　　　　　　　　　　27

　　　１．価格は市場の比較で決まる　　　　　　　　27
　　　２．価格の設定と市場価値　　　　　　　　　　28

　05　顧客単価の計算方法　　　　　　　　　　　　29

　　　１．顧客単価とは　　　　　　　　　　　　　　29
　　　２．顧客単価の増加方法　　　　　　　　　　　29

第３章　費用と利益の関係性　〜利益の種類と性質〜

　01　利益の種類と概要　　　　　　　　　　　　　32

　　　１．粗利益　　　　　　　　　　　　　　　　　32
　　　２．営業利益　　　　　　　　　　　　　　　　32
　　　３．経常利益　　　　　　　　　　　　　　　　32
　　　４．税引前利益　　　　　　　　　　　　　　　33

　02　原価と粗利益と原価率　　　　　　　　　　　34

　　　１．原価とそれに関連する数値　　　　　　　　34
　　　２．粗利益率　　　　　　　　　　　　　　　　35
　　　３．粗利益率と原価率の相関関係　　　　　　　36

　03　小売業と製造業とサービス業における原価と費用　38

　　　１．小売業　　　　　　　　　　　　　　　　　38
　　　２．製造業　　　　　　　　　　　　　　　　　38
　　　３．サービス業　　　　　　　　　　　　　　　39

　04　販管費と営業利益と営業利益率　　　　　　　40

第４章　変動費と固定費　〜固変分解〜

　01　固定費と変動費　　　　　　　　　　　　　　44

　　　１．固定費　　　　　　　　　　　　　　　　　44
　　　２．変動費　　　　　　　　　　　　　　　　　44

　02　固変分解　　　　　　　　　　　　　　　　　46

　03　固変分解の必要性　　　　　　　　　　　　　48

　　　１．本当に「儲かる」商品とは？　　　　　　　48
　　　２．経費の有効な利用方法　　　　　　　　　　51

第5章　利益を出すためには何をする？　〜損益分岐点〜

01　「利益が出ている」とは？　　　　　　　　　　54

02　損益分岐点　　　　　　　　　　　　　　　　56

03　変動費型産業と固定費型産業　　　　　　　　59

　　1．変動費型産業　　　　　　　　　　　　59
　　2．固定費型産業　　　　　　　　　　　　60

04　変動費型産業の考え方　　　　　　　　　　　61

05　固定費型産業の考え方　　　　　　　　　　　63

第6章　練習問題

01　練習問題1　　　　　　　　　　　　　　　　66

02　練習問題1　解答　　　　　　　　　　　　　70

03　練習問題2　　　　　　　　　　　　　　　　74

04　練習問題2　解答　　　　　　　　　　　　　76

第 1 章

企業の活動とその物差し
― 数字の持つ意味 ―

01 企業の活動サイクル

1．企業の活動

　企業の活動というとどんなことを思い浮かべるでしょうか？

　企業はまず、融資や株式募集によって資金を集め、その対価をもとに仕入を行い、または設備を準備して商品を製造したり、サービス提供の準備をしたりします。そして、企業は自社のサービスや商品を販売提供し、その対価として金銭を受け取ります。その金銭をもとにまた仕入を行ったり、運営維持に必要な費用を支払ったりします。そうして再び仕入を行い、サービスや商品を販売提供していく・・・というサイクルを繰り返します。

一連の流れを図に示すと次の通りです。

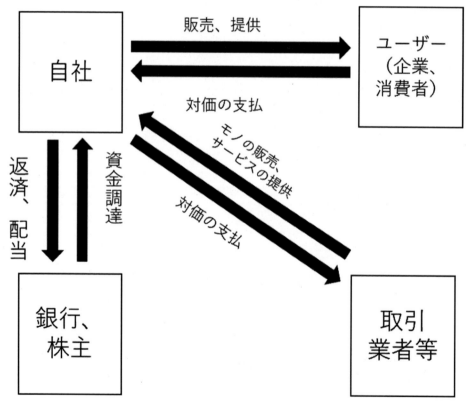

図表 1-1：企業活動の全体構造

　世の中にはたくさんの企業があります。例えば、**スーパーマーケットのようなモノを販売する企業（小売業、卸売業）**や**自動車メーカーのようにモノをつくって販売する企業（製造業）**、**形あるモノではなく、サービスを提供する企業（サービス業）**などがあります。

　小売業、製造業、サービス業、どれをとっても、おおまかな企業活動の流れは変わりませんが、細かく見ていくと少し違ってきます。それでは業種ごとに少し登場人物を増やして、その構造をみていきましょう。

２．小売業

　先の図表 1-1 ではまとめてしまいましたが、小売業の特徴としては、**モノの仕入を行い販売する、という過程がある**ことです。

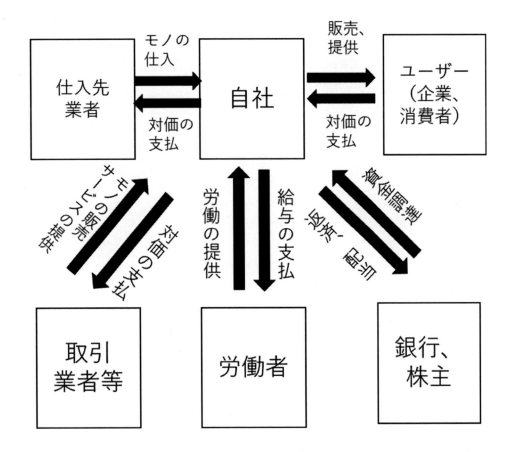

図表 1-2：小売業の構造

3．製造業

　製造業の活動を図示すると次のようになります。仕入を行ったものを直接販売するのではないため、**「製造」という工程が入る**ことが特徴となります。

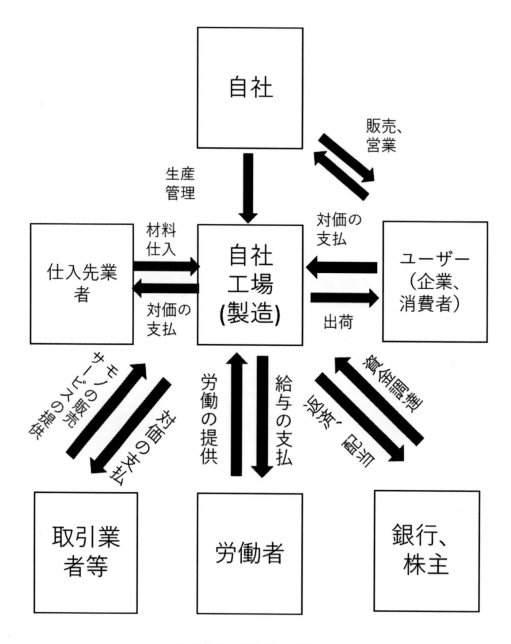

図表 1-3：製造業の構造

４．サービス業

　サービス業の特徴は**仕入がない**ことです。多少サービス提供のための材料を買ったりはしますが、製造業や小売業に比べると僅少です。図示すると次のようになります。

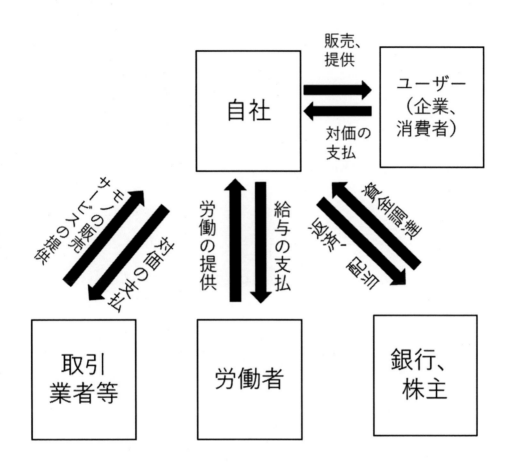

図表 1-4：サービス業の構造

02 物差しとしての数字

1．会社の行動としての数字

会社の行動を改めてみてみましょう。

- ・販売、営業　　　　　　　　←→　　　　　　対価の支払
- ・材料やモノの仕入　　　　　←→　　　　　　対価の支払
- ・モノの販売、サービスの提供　←→　　　　　　対価の受取
- ・労働の提供　　　　　　　　←→　　　　　　給与の支払
- ・資金調達　　　　　　　　　←→　　　　　　返済、配当

上記のように、企業の行動はすべて**お金が関わっているのがわかる**と思います。企業はその活動をすべて金銭で表現し、**計算します**。

そして、その**お金の計算は当然ながら、すべて数字で行われます**。結論として、**数字を把握するということは企業の活動を理解する**ということになります。

2．なぜ数字が必要なのか

ではなぜ、数字（＝企業の活動）を理解する必要があるのでしょうか。考えてみてください。
もし数字（＝企業の活動）がわからなかったら、次のようなことがおこります。
　① うまくいかなかったとき、原因をどのように探ったらよいかわからない。
　② そもそも、企業の活動結果がよいか悪いかわからない。
　③ 感情や主観での判断となり、客観的な判断ができない。
　④ 過去の実績の把握ができないため、未来の予測ができない。
といった弊害がおこることが考えられます。

企業の活動は

> 計画（Plan）→行動（Do）→検証（Check）→改善（Action）

を繰り返していくことにより行われます。これをPDCAサイクルといいます。本書はPDCAサイクルのテキストではありませんので、詳細は述べませんが、このうち**「計画」「検証」**の際に**数字は必須**となるのです。

　例えば、テストの復習をしようとしたときに、科目ごとの点数がわからなかったら、どこが○でどこが×か、わからなかったらどうでしょうか。復習するにしても、どの科目を復習してよいかわからないかと思います。加えて、平均点との比較もできませんので、自身の立ち位置がわからないといえるのです。

　また、採点の中身がわからないということは、科目の中でもどの分野が得意で、どの分野が苦手かもわからない状態になってしまい、どこを重点的に学習したらよいか、わからなくなると思います。

　ここでいう数字にも同じことがいえます。つまり、数字はテストの点と同じで行動結果（テスト勉強の結果）を如実に表現し、その数字（テストの点）を見て、次に何を行動するか（どの科目のテスト勉強をするか）、どのような結果（テストの点）を目指すのか、を決めて行動していくことになるのです。

　結論として、数字を把握するということは、
① **自身の会社における活動成果を知るため**
② **自身の行いが適切かどうか確認するため**
③ **会社の将来予測をするため**（将来を予測するためには過去の実績をもとに予測することが、一番説得力があるといえます。）
にとても重要なことといえるのです。

03 これから学習すること

1．事例1

この会社の売上を増やすにはどのようなアクションを起こしますか?

> 1個1万円の商品を現在500人に販売しています。（売上500万円）
> 　現状、500万円の売上を1,000万円に増やしたいです。

売上を増やすにはどうしたらよいでしょうか?

→たくさんつくればよいのでしょうか。たくさん仕入れをしたらよいでしょうか?
　売上を増やすためのどんな行動をすればよいのでしょうか。具体的な行動はなんでしょうか。

売上を増やすにはどのような考え方をしたらよいか、を学んでいきます。

2．事例2

この会社の利益のマイナスをなんとかしたいです。
（用語の説明は後述します。）

> 売上　1,000万円　材料費　300万円　人件費　500万円　他経費300万円
> 利益　マイナス100万円

経費を減らせばよいでしょうか。売上を増やせばよいでしょうか。

→売上を増やすとすればどのくらい売上を増やせばよいでしょうか。減らすとすればどの経費を減らせばよいでしょうか?

売上と経費の因果関係、および経費の性質について学んでいきます。

3．事例3

B会社が売上1億円になったら利益はいくらでますでしょうか。単純に倍になりますか。

A会社　売上　1億円　原価　3,000万円　人件費　3,000万円　他経費　2,000万円
　　　　利益　2,000万円

B会社　売上　5,000万円　原価　2,000万円　人件費　500万円　他経費　1,000万円
　　　　利益　1,500万円

答え：B会社の売上が1億円になっても、利益は単純に倍にはなりません。

「単純に倍にはならない」という結論に至るまでの計算の過程を学んでいきます。

第 2 章

売上はどうやって
増やしたらいいだろう？

― 売上の分解 ―

01 売上の基本構造

■ 売上とは

　世の中にはいろいろな仕事があります。だからこそ、第1章で述べたように、業種というものが存在し、その業種ごとに人や仕事のかかわり方が異なってくるのです。そして、その仕事を行うことにより、お金をもらうのです。

　この、「仕事を行う」ことが「商品を売る」「サービスを提供する」ことになり、「売上を上げる」ということになります。

「仕事を行う」＝「商品を売る」「サービスを提供する」＝「売上を上げる」

みなさん、売上を増やしてくださいといわれたら、どのようにしますか？

・たとえば、製造業の場合、売上を増やすにはどうしますか？
　⇒おそらく、たくさん製品を製造する、自社製品の販路を拡大するという行動をするでしょう。
・たとえば、小売業だったらどうしますか。
　⇒売るためにたくさん仕入れる、セールをやるなどするでしょう。
・たとえば、サービス業だったらどうしますか。
　⇒売るためにはサービスを提供するための人手を増やしたり、キャンペーンなどをしたりするでしょう。

これらを一般化してみた場合、売上はどのように計算すればよいでしょうか？

それは　　　　**「単価」×「数量」**　　　　です。

次節ではこの「単価」×「数量」についてより詳しく見ていきたいと思います。

02 売上の分解

1. 売上＝単価×数量

先の節では

$$売上 ＝ 単価 × 数量$$

であるとお話ししました。

例をとってみると、1個1万円のプリンターが100個売れた場合

$$売上 ＝1万円×100個＝100万円$$

となります。

「単価」×「数量」＝「売上」ということであれば、みなさんが学校で学習してきた「移項」により、次の算式も同時に表現できます。

> 「数量」＝「売上」÷「単価」
>
> 「単価」＝「売上」÷「数量」

つまり、「数量」「単価」「売上」の要素のうち、2つの要素が分かれば、残りの「1つの要素」もわかるということです。

それでは売上を増やしたい場合はどうやって考えていけばよいでしょうか。たびたびお話していますが「売上」＝「単価」×「数量」です。この算式をもとに考えていけば、売上をどのように増やしていけばよいかがわかります。

> 「売上」↗＝「単価」↗×「数量」➡
> 「売上」↗＝「単価」➡×「数量」↗
> 「売上」↑＝「単価」↗×「数量」↗

そう、かけ算の論理です。掛け算なので、**単価**を増やしても**売上**は増えますし、**数量**を増やしても**売上**は増えます。両方増えれば、累乗になるので、売上は加速度的に増加します。

```
単価を「2倍」にした場合→　売上は「2倍」

数量を「2倍」にした場合→　売上は「2倍」

単価も数量も「2倍」にした場合→　売上は「2倍×2倍」＝「4倍」
```

売上を増やすには数量も単価もどちらも大事なのです。

2．数量の分解

数量はさらに次のように分解できます。

```
「数量」＝「潜在顧客数」×「購入率」×「購入個数」
```

「潜在顧客数」とは、「未だ商品や製品、サービスを購入していないが、将来的には購入してくれるかもしれない人の数」のことです。

「購入率」とは「潜在顧客のうち、実際に購入してくれた人の割合」です。

「購入個数」とは「購入してくれた人が1人あたり何個購入してくれたか」です。

さらにこれを分解していくのですが、それはまた次節でお伝えしていきます。
この算式を変換すると、次のこともいえます。

```
「潜在顧客数」＝「数量」÷「購入率」÷「購入個数」

「購入率」　　＝「数量」÷「潜在顧客数」÷「購入個数」

「購入個数」　＝「数量」÷「潜在顧客数」÷「購入率」
```

３．単価の分解

単価については次のようになります。「分解」とありますが、「単価をいくらにするか」として認識しておいていただければよいかと思います。まずは商品単価というものがあります。

＜単価の決定パターン１＞

「商品単価」＝「商品やサービス提供にかかるコスト」＋「自分の欲しいもうけ」

　自身の欲しいもうけを価格に上乗せする方法です。この場合、顧客のニーズに応えられていなかったり（商品価値が少ない）、競合他社でそれより安い商品があったりすると自社の商品が選ばれないリスクがあります。たとえば、ブランド品などは、競合他社を極力排除できているため、この値段設定が可能だといえるでしょう。

＜単価の決定パターン２＞

「商品単価」＝「顧客が払ってもよいと思うお金」

　この場合においては、顧客がその商品に対して払ってもよいお金で決定されるため、自身の考えが入り込む要素がありません。（その単価にしよう！と思うところは自身の考えかもしれませんが。）

＜単価の決定パターン３＞

「商品単価」＝「市場競争によって決まる」

　この場合は、自身が「売りたい！」と思う値段と市場の顧客が「欲しい！」という値段のバランスで決定されます。自身の考えが全く入っていないわけではありませんが、いわゆる後述する市場原理によって決定されるといえるでしょう。

03 分解した項目への アプローチ手法

1．単価を増やすには

では商品単価を増やすにはどうしたらよいでしょうか？

商品単価とは

> 例：①梅おにぎりは１００円である。
>
> ②ペットボトルのお茶が１５０円である。
>
> ③そば屋さんでざるそば１枚５００円である。

などというようなものです。

　それでは、商品単価にアプローチする方法を考えてみましょう。例えば梅おにぎりだけを買っていくお客さんがいたとします。その場合の売上は、「１００円」となります。

　それでは、梅おにぎりを工夫して、高級梅おにぎり（１５０円）にしたらどうでしょうか？もちろん、高いということで買わなくなるというお客さんはいるでしょうが、もし売れた場合は、「１５０円」となります。

「商品単価」を増やすためには

①　様々な要素による商品のプレミア化（サイズアップ、高級化など）

②　あえて比較対象を提示して、単価の高い方を選んでもらう

などの方法があります。

　②については、家電量販店でパソコンを買う際に予算１０万円として店員さんにお話ししていたところ、最初は１０万円のパソコンで提示されていた。しかし１１万円のパソコンを提示されて、どのように１０万円のパソコンより優れているかを説明されたら、１万円くらいならいいか、といって、１１万円のパソコンを買ってしまった、というようなものです。

（みなさんも経験ありませんか？）

２．数量を増やすには

数量は分解すると次のようになるのでしたね。

> 「数量」＝「潜在顧客数×購入率×購入個数」

つまり、数量を増加させるには、

・潜在顧客数を増加させる

・購入率を増やす

・購入個数を増やす

上記３つのいずれか、またはすべての数を増加させることが必要となります。

＜潜在顧客数＞

　たとえ、みなさんが新しい商品をつくったとしても、それが知られていなければおそらくスーパーマーケットなどで仕入れてもらえないでしょうし、そもそもユーザーに手に取ってもらえません。

そこで企業は

・**テレビ CM、インターネット広告などの広告戦略**

・**新規開拓の営業**

をしたりします。広告は非常に高コストで、テレビ CM は 30 秒程度流すのにウン百万円というコストがかかっていますし、インターネットでみなさんの検索によく引っかかるようにするための対策（SEO 対策といいます）をするのも簡単に数十万、数百万円がかかります。

　逆をいえば、それだけ**「知ってもらう」ことは重要**といえるのです。

＜購入率＞

　知ってもらったところで、「この商品を買おう！」と、実際に手に取って購入してもらわなければ意味がありません。先に、**「購入率」**とは**「潜在顧客のうち、実際に購入してくれた人の割合」**とお伝えしましたが、つまり、これは**「広告宣伝」**の結果、知ってもらって、その中で**「実際に手に取ってくれた人の割合」**と言い換えることができるのです。

　例えば 100 人の人がいて、宣伝の結果そのうち 50 人に知ってもらったとしましょう。その中で実際に買ってくれた人の数が 15 人であれば

> 50 人×30％＝15 人

となり、購入率は 30％となります。

＜購入点数＞

「**購入点数**」は購入の意思を決めたあと、実際に「**いくつ**」買ってくれたか、というものです。購入点数を増加させるために、「**まとめ売り**」（2個買うと30円お得！といったようなもの）や「継続販売」（毎月続けて買ってもらえば結果として12個売れる）などが実行されます。

＜潜在顧客数の増やし方＞

先に、「知ってもらうことは非常に重要」であることをお話ししました。潜在顧客には、極論を言えば全国民がなりえますが、知ってもらったからといってすべての人に買ってもらうことは不可能です。つまり購入率が100％になることはありえないのです。その点、潜在顧客数は非常に大きくできる可能性を秘めているのです。

潜在顧客数は例えば次のように示されます。ただし、これはあくまで一例であって、事業の内容や時勢によって大きく変わります。

潜在顧客数＝集客活動（時間、人）×反応率×投下コスト

集客活動とは単純に、どれだけ時間をかけたか（たとえばティッシュ配りなどは、単純にかけた時間の分だけ配れるといっていいでしょう。）や何人に面会したか、というようなことです。また、反応率は集客活動の対象となった人がどれだけ（何割）レスポンスをくれたか、ということです。営業活動であれば、商品紹介に対して、次のステップへ進む意思を表示してくれたかということになります。

投下コストはいわゆるマーケティングにかけた費用のことです。基本的に大きな費用をかければかけるほど、目立つところに看板がかけられるでしょうし、大々的にチラシを打ったりすることも可能になります。また、みなさんの検索に引っかかるような工夫もできるでしょう。そのような意味では時間と同じくらい、かけたコストも重要なのです。

＜購入率の上げ方＞

購入率は次の算式で示されます。

購入率＝購入してくれた人÷潜在顧客数

潜在顧客数は「**集客活動（時間、人）×反応率×投下コスト**」で示されますから、購入率は実際のところ、いかに購入してくれる人を増やすか、という話に帰結します。買いやすいシチュエーションをいかに作るか、という話になります。

実際に購入してもらうためのアクションとしては

・実演販売（特に、高額な商品の場合は、なかなか「試しに買ってみよう」とはいきません。そのため、実演販売などを通じて有用性をアピールしたりします。家電量販店などに行くとマッサージ機がよく置いてあったりしますね。）
・営業時にすぐに話ができるように、事前にプレゼン資料などを送付しておく。
・返品期間の確保や、お試し期間の設定など、契約するリスクの排除（こちらも高額商品の場合に効果が大きいです。「初回だけ 1,000 円！」とか、「30 日以内なら無償で返品可」とか、ですね。）

などが考えられます。

<購入点数の増やし方>
　単発で終わってしまうけれど高額な売上と、安いものの継続して安定的に売上を上げることのどちらがよいでしょうか。金額の差にもよりますが、答えは「安定している」方が良い、になります。

　継続的な収益を生むものを**「ストック収入」**といいます。（よく「ストックビジネス」という表現がなされます。）単発で収益が完了してしまうものを**「フロー収入」**（こちらは「ストックビジネス」に対して「フロービジネス」と表現されます。）といいます。

　購入点数の視点から見ても、安定的に数を販売して売上を増やすためには、「ストック収入」の方が良いといえます。

ストック収入	フロー収入
携帯電話の通話料金	レストランでの食事
ウォーターサーバー	車の販売
コピー機のカウンター料金	家電の購入
サプリメントの継続販売	旅行
etc.	etc.

　ただし、フロー収入でも繰り返し買ってもらえるようになるとそれは「リピート収入」と呼ばれ、ストック収入にかなり近いビジネス形態を有することになります。結果として購入点数を確保するためには、いかに「ストック」「リピート」へシフトしていくかを考えることが重要になるのです。

　繰り返し買ってもらえるようになるまでには顧客にもステージがあります。そのステージを一歩ずつ上っていく必要があるのですが、ステージごとに顧客をターゲットとした戦略は異なってきます。ステージおよび戦略は次のようになります。

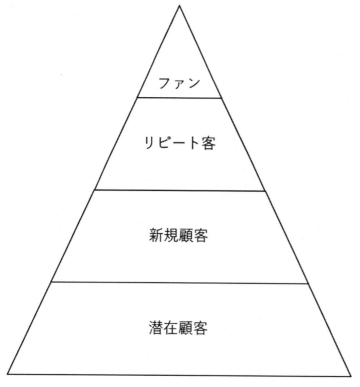

ファン

リピート客

新規顧客

潜在顧客

ブランディング
(あなただけ、というスペシャリティの提供)

何度も購入してもらえるような戦略

初回購入を促すような戦略(初回割引、アプリダウンロード特典など)

看板、チラシ、インターネットなど初回周知戦略

図表 2-1：顧客のステージ

04 価格の決定

1. 価格は市場の比較で決まる

　商品単価は市場の比較で決まります。

　市場に対して商品需要が多ければ、価格は上がり、また、市場に対して供給が多ければ、価格は下がります。

　結果、商品単価は市場に対しての供給数と需要数の交点となります。（これを価格均衡点といいます。）なので、高級な梅おにぎりであれば１５０円で販売することは可能ですが、梅おにぎりを１５０円で売ろうとしてもなかなか売れないことになるので、結果として値下げの市場圧力が働くことになります。

　（というより、１００円の梅おにぎりが売れてしまい、だれも買ってくれませんね。）

　つまり、

・市場の需要に対して供給が多ければ、商品単価は下がる。

・市場の需要に対して供給が少なければ、商品単価は上がる。（お金を払っても買いたい人がいる。

逆もまたいえます。

・市場の供給に対して需要が多ければ、商品単価は上がる。

・市場の供給に対して需要が少なければ、商品単価は下がる。

ということになります。

　これを示すと次ページの図のようになります。

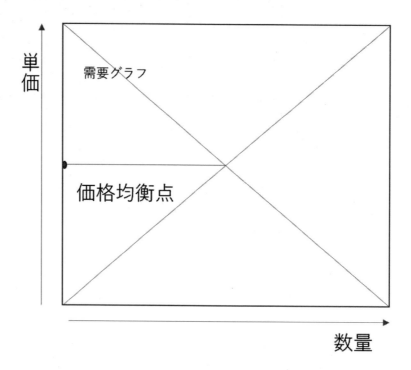

図表 2-2：需要と供給の関係

２．価格の設定と市場価値

　商品単価は決定パターンが３通りあるということを第２節でお話ししました。しかしながら、３通りある商品単価決定パターンは実際のところ、自由に選択できるわけではありません。

　価格は「需要と供給のバランスで決定する」とお伝えしました。確かに需要と供給がある程度コントロールできる状況であれば、商品単価は完全ではないにしろ、ある程度任意に決定できるといえます。つまり、ある程度自身の意向を価格に反映したいということであれば、そこには市場競争から距離をとることができる「オリジナリティ」が必要ということです。

　「オリジナリティ」の創出のためには、競合他社が参入しにくい状況を作る（「特許」を取得する、よい仕入先の確保を行い商品を高品質化する、自社にしか作れない商品を作る、など）ことが必要になります。

　ただ、「オリジナリティ」で勝負できるケースは極めてまれで、ほとんどの商品には同種の競合他社がいます。そのため、実際のところの価格は市場価格を参考に決定されるケースがほとんどといえます。

05 顧客単価の計算方法

1．顧客単価とは

もう一つ、違う「単価」があります。それは「顧客単価」と呼ばれるものです。

> **「顧客単価」＝「1人あたりの商品単価」×「購入点数」**

　「顧客単価」は一人のお客さんが「いくら買ってくれたか」というもので、先に述べた「商品単価」の要素を含みますが、似て非なるものといえるでしょう。ここでいう**「購入点数」**は同一商品に限られません。Aという商品（サービス）とともにBという商品（サービス）を購入してもらうことも含まれます。

2．顧客単価の増加方法

　それでは顧客単価を上げるためにはどうしたらよいでしょうか？

> **「顧客単価」＝「1人あたりの商品単価」×「購入品目数」**

　ですから、**「顧客単価」**にアプローチするためには、**「商品単価」を上げる**または**「購入品目数」を増やすこと**がその方法の一例になります。

　商品単価を上げるための方法は先にお話ししましたので、ここでは、**「購入品目数」**を上げるためのアプローチを紹介します。

　それは、

> Aという商品とBという商品をセット販売する。

　という手法となります。

具体的事例としては、

ファーストフード店などでみられる「ポテトおひとついかがでしょうか？」。

どんぶり屋さんでみられる「野菜サラダ、みそ汁セット」などのセット販売。

「バラエティセット」などの「まとめ売り（パッケージ販売)」。

よく顧客単価増加の施策として見受けられる方法であり、みなさんも街中でよく見ることと思います。

顧客数を増やすことは重要ですが、顧客数だけでは増やしきれない部分について顧客単価を増加させることによって相互補完することもとても重要なことといえます。

第 3 章

費用と利益の関係性

― 利益の種類と性質 ―

01　利益の種類と概要

　企業の残余を示す「利益」には複数の類型があります。それぞれの「利益」について学習していきましょう。

1．粗利益

　まず、**粗利益**についてです。粗利益は、

$$粗利益＝売上－売上原価$$

　で示され、売上から売上原価と呼ばれる数字を差し引きます。売上原価についてはのちに説明します。粗利益の性質は、**本業の商品売買、製品製造、サービス提供等「そのもの」でいくら儲かったか**、ということを示します。

2．営業利益

　次に、**営業利益**についてです。

$$営業利益＝売上－売上原価－販売費及び一般管理費$$
$$営業利益＝粗利益－販売費及び一般管理費$$

　で示され、売上から売上原価を差し引き、そのうえで販売費及び一般管理費という数字を差し引きます。営業利益の性質は、**「本業でいくら儲かったか」**ということを示します。「売上－売上原価」は「粗利益」ですから、営業利益は粗利益から販売費および一般管理費を差し引いても求められます。

3．経常利益

　その次は、**経常利益**についてです。

$$経常利益＝売上－売上原価－販売費及び一般管理費＋営業外収益－営業外費用$$
$$経常利益＝営業利益＋営業外収益－営業外費用$$

で示され、**企業の一般的活動から生じる儲け**を示します。本業のもうけに「本業以外の稼ぎ」を加算し、「本業以外の支出」を減算して求めます。

４．税引前利益

最後は税引前利益となります。税引前当期純利益ともいいます。

税引前利益＝売上―売上原価―販売費及び一般管理費＋営業外収益―営業外費用＋特別利
　　　　　益―特別損失

税引前利益＝経常利益＋特別利益―特別損失

　税引前利益とはその名前の通り、**税金が課される前の企業の儲け**をいいます。経常利益に加えて、本当にその時の特別な利益や損失を考慮して算出します。たとえば、2020年における新型コロナウイルスによる損害や対策費用などについては、経常的に発生するのではなく、イレギュラーなものですから、ここでいうところの特別損失に該当することになります。そういった要素も考慮して、税引前利益は計算されることになります。

02　原価と粗利益と原価率

1．原価とそれに関連する数値

（1）売上原価

　先にフライングして言葉をだしてしまいましたが、売上原価とは**「売上をあげるために直接かかった費用」**のことをいいます。そのため、売上原価は○○のことだ、と固定化されるものではなく、商売の内容によって**「売上原価は異なる」**といえるのです。たとえば、小売業において「売るための商品を仕入れた金額」は「原価」といえます。

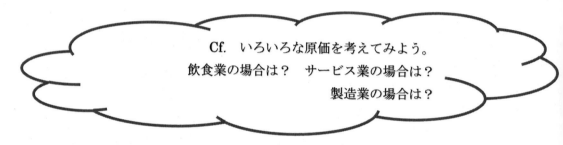

> **Cf.**　いろいろな原価を考えてみよう。
> 飲食業の場合は？　サービス業の場合は？
> 製造業の場合は？

　そして、売上原価は次の算式で求められます。

売上原価＝仕入単価×売上数量

　ここで注意していただきたいのは、「売上原価＝売上に対応するコスト」として考えるため、実際に売れた数を用いて計算するということです。次の例題を考えてみましょう。

（例題）
10円の飴を10個仕入れました。しかし、今回売れたのは5個でした。この場合の売上原価はいくらでしょうか。なお飴の売価は15円です。

A．飴の原価は10個仕入れたのだから10×10＝100円だ！
B．売れた数だから10×5＝50円だ。

　Aによると飴の販売による売上は15円×5個＝75円に対して、10円×10個＝100円の原価が計算されることになり、飴の販売の利益は75円—100円＝△25円になってしまいます。飴は1個で5円の利益がでるはずなので、これではおかしいですね。したがって、きちんと

売れた数に対応させないと利益がおかしいことになってしまいます。売上数量で計算するのは、売れた数に対応させ、**正しい「売るためにかかった費用」を計算する**ためです。なお、残った品は**「在庫」**となります。「在庫」の金額は次の計算によってなされます。

在庫＝仕入単価×残っている数

もし在庫がなかったら、常に仕入れ続けなければなりません。注文の都度発注をしたとしても、到着するまでの間に顧客を失ってしまうかもしれません。そのことから在庫は必要であるといえます。

しかし、「顧客が購入しよう」と思ったときに在庫がなく、結果として販売のチャンスを逃すことを**「チャンスロス（機会損失）」**といいます。業態によってはこの「チャンスロス」を極端に嫌う業態もあるので、**自身の携わっている業態がどのような業態か知っておくことはとても大事**といえます。

在庫を加味した売上原価は次のようになります。

売上原価＝期首在庫＋期中仕入—期末在庫

（２）原価率

原価率とは、**「売上に占める原価の割合」**のことをいい、次の算式で求められます。

原価率＝売上原価÷売上

今後も「○○率」という言葉はよく出てくることになりますが、まず**「○○率」ときたら、「売上で割る」**と覚えておいてください。売上に占める原価の割合を計算することにはどのような意味があるでしょうか。当然ですが、同じ売上をあげるならばコストは少ない方がよいですね。当然ですが、原価率は少なければ少ないほど経営的にはよい、ということになりますが、**原価率を下げるためにあまりにアクションを起こしすぎると、いわゆる「ダンピング」というものになり、仕入の相手先に無理を強いることになりかねないので**、注意しましょう。

２．粗利益率

次は**粗利益率**についてです。粗利益については、すでに説明しました。その派生形として、粗利益率という言葉があります。そして、粗利益は次のように表現されます。

（「○○率」ときたら、売上で割るのでしたね。）

> 粗利益率＝粗利益÷売上

　粗利益率は「**売上に占める粗利益の割合**」をいいます。つまり 100 円の売上に対して、70 円の粗利益だった場合、粗利益率は 70 円÷100 円＝0.7（70%）になります。

3．粗利益率と原価率の相関関係

　算式を分解していくと粗利益と売上原価は次のような関係をもつことがわかります。

> 売上—売上原価＝粗利益　→　売上＝売上原価＋粗利益
> （売上原価を移項する。）

> 売上＝売上原価＋粗利益　→売上÷売上＝売上原価÷売上＋粗利益÷売上
> →1（100%）＝原価率＋粗利益率

> 1－原価率＝粗利益率
> 1－粗利益率＝原価率
> （前の算式をそれぞれ移項）

　このことから、粗利益と原価率は足すと 1 になり、1 から粗利益率を引くと原価率となり、1 から原価率を引くと粗利益率となることがわかると思います。**このように原価率と粗利益率、売上原価と粗利益は対になる関係**であることがわかります。そのため、**原価率は低ければよいといえ、粗利益率は高ければよい**、といえるのです。

　では、なぜ「売上原価と原価率」、「粗利と粗利益率」というように「売上原価、粗利＝数字そのもの」と「原価率、粗利益率＝割合」とをわけて考えるのでしょうか。

　次の例題を考えてみましょう。

> 　A さんはステーキを販売しています。ステーキは販売価格 2,000 円、原価 1,000 円です。B さんはハンバーグを販売しています。ハンバーグの販売価格は 1,000 円、原価は 400 円です。10 個販売したときにたくさん粗利益が出るのはどちらでしょう。

　まず、粗利益率から考えてみましょう。
　A さんの粗利益率は
　　　（2,000 円—1,000 円）×10÷2,000 円×10＝10,000 円÷20,000 円＝50%

となります。

　Bさんの粗利益率は

　　　　（1,000円—400円）×10÷1,000円×10＝6,000円÷10,000円＝60%

となります。粗利益率だけ見るとBさんの方がよさそうです。

　純粋な粗利益は

　Aさんは20,000円—10,000円＝10,000円

　Bさんは10,000円—4,000円＝6,000円

となり、ぱっと見の粗利益率がよさそうだったBさんより、Aさんの方が儲かっていますね。

　このことから、純粋に儲かっているかどうか、という視点でいえば、やはり**金額で判断するべきということになります。** しかし、効率性の観点からいえば粗利益率が高い方が同じ売上でもたくさんの粗利益が残せます。粗利益率が高い、裏を返せば原価率が低ければ、効率よく利益を残せている状態である、といえるのです。

03 小売業と製造業とサービス業における原価と費用

1．小売業

　ここからは、業種ごとの特性を見ていきましょう。まず、小売業です。なお、仕入れた物品を形状変更なく消費者に販売する商売を小売業といい、仕入れた物品を形状変更なく業者に販売する商売を卸売業といいます。いわゆる「BtoC」が小売業、「BtoB」が卸売業になります。ここでは、小売業について説明しますが、スーパーマーケットなどが代表的です。

　小売業の特徴としては、仕入れたものをそのまま販売するので、比較的原価率が高めになることが多いです。またその他の費用としては、販売スペースなどの費用（賃料や建物に関する費用）や店舗運営のための光熱費（空調などの費用は相当になります。）、販売するための人件費などが中心となります。最近はネット販売などの新しい販売の形ができていることから、かかるコストもその業態によって変わってくるといえます。ネット販売型であれば、ホームページのための広告費や出品料がかかってくることとなります。

2．製造業

　次に製造業です。代表的な業種として、自動車製造業などが挙げられます。仕入れたモノを加工し、形状を変更して販売することになるため、多くの付加価値を創出することができ、小売業に比べて原価率は低めになります。

　ただし、工場建物やたくさんの機械設備が必要となります。機械 1 つで 1 億円以上はざらにする世界です。そのため必然的に会社にある程度の規模が必要になることが多いです。（もちろん、大きい会社だけ、ということはありませんが。）費用としては機械を動かすための光熱費や、水道代がかかってきます。また、製造した商品を販売する必要があるので、販売のための費用（人件費や広告費）もかかってくることになります。

　製造業の原価について説明します。製造業は仕入れた材料だけではなく、製造にかかったコストすべてを含めて**製造原価**といい、この製造原価を用いて粗利益を計算します。

製造業の場合、

売上―製造原価＝粗利益

製造原価＝材料使用高＋製造人件費＋その他製造費用

（参考）

材料使用高＝期首材料高＋期中材料仕入高―期末材料棚卸高

上記のように、製造にかかった材料の他、人件費も加味します。その上で、その他製造費用も加えて計算します。その他製造費用には、製造に係る水道光熱費、製造機械の経年劣化による費用（「減価償却費」といいます。）、製造設備維持に係る修繕費、製造物件に係る税金など製造にかかる費用をすべて含みます。

製造業の在庫には「作りかけ」の概念である「仕掛品」というものもあるのですが、内容を平易にしたいため、本書では割愛します。

３．サービス業

次にサービス業です。サービス業は人が「サービス」することが前提の商売になりますから、「原価」の概念が比較的薄い商売といえます。ただし、サービスが中心となりますから、人件費の比率が高いことが特徴といえます。サービスの提供の形態によって、コストの形態が大きく異なります。たとえば、店舗型サービスか、出張型サービスか、クラウドサービスか、などで、その内容を固定化しにくいことが特徴といえます。

04 販管費と営業利益と営業利益率

　第２節にて原価を学習しましたが、第３節では原価以外の費用形態についても少し学習しました。事業活動を行うためには、原価以外にも様々な費用がかかることが理解できたと思います。原価に属さない費用で営業活動にかかわるものを「販売管理費及び一般管理費」（販管費）という、と説明しました。

　そして、本業での利益を表す営業利益は「売上―売上原価―販管費」で計算されます。そのため、利益をだすためには、費用（売上原価＋販管費）以上に売上をあげることが鉄則といえるのです。

　営業利益も原価、粗利同様、金額で判断することが必要ですが、営業利益率というワードもあります。

営業利益率＝営業利益÷売上

　営業利益率を用いると次のような分析ができます。

（例題）
- ・売上 100 万円　　　営業利益 10 万円の企業 A
- ・売上 10 万円　　　　営業利益 5 万円の企業 B

どちらが効率よく経営しているのでしょうか。

（解答）
　営業利益としては企業 A の方が多いです。しかし、営業利益率で一度見てみましょう。
- ・企業 A　　　　10 万円÷100 万円＝10％
- ・企業 B　　　　5 万円÷10 万円＝50％

売上に対しては企業 B の方が効率よく利益を残しているといえます。また、上記のように、企業 A と企業 B は金額の差がありすぎて本来は比較が難しいのですが、**率に直すことで同じ土俵で比較すること**が可能となるのです。

補足ですが、粗利益と営業利益、経常利益、税引前利益をなぜ区分するかというと、どの要素が利益に影響を与えているか、ということを明確にするためです。各区分に応じて次のような状況が考えられます。

> 「粗利益」が出ていない（低い）
> ＝商品販売、製品販売などで利益が出ていないということは、商品や、製品設計に問題がある可能性が高いのではないか。
>
> 「営業利益」が出ていない（低い）
> ＝販管費の使い方に問題があるのではないか。費用を見直す必要があるのではないか。
>
> 「経常利益」が出ていない（低い）
> ＝営業以外の要素（資金調達の方法など）に問題があるのではないか。
>
> 「税引前利益」が出ていない（低い）
> ＝特殊な要因により利益が出ていないが、特別損益によるものであれば、翌年以降は発生しないと見込まれる。

　このように利益の内容を分析するといろいろなことがわかる、といえるのです。

第 4 章

変動費と固定費
― 固変分解 ―

01 固定費と変動費

1．固定費

　ここでは費用の中身を「固定費」と「変動費」に分解する手段を学習し、それぞれ「固定費」とは何か、「変動費」とは何かということを知っていただきたいと思います。

　まず、「固定費」とは何かですが、

固定費＝売上に関係なく発生する費用

のことです。

　たとえば、みなさんの給与などは営業成績を上げた結果、人事評価によって増加することはありますが、売上が増えたからといって、即座に増えることはないですね。また、土地建物を借りて仕事をしているような場合、その土地建物の賃料は売上が増えたからといって、増加するものではありません。もちろん、減少することもないですね。

　このように、売上が増えたからといって、増加したり、減少したりすることのない費用を**「固定費」**といいます。

2．変動費

　次に変動費ですが、変動費とは固定費とは逆に、

変動費＝売上に連動して発生する費用

のことをいいます。

　たとえば、たくさん売上をあげるためには、たくさん商品を仕入れなければなりませんね。「売上をあげる→たくさん仕入れる→売上をあげる」というように**仕入と売上には密接な因果関係があります。**このような視点で見てみると、様々な費用が売上と因果関係を持っていることが見えてきます。

1．訪問成約率 10％の営業担当者がたくさん営業をするために使う交通費

　→営業をたくさんすればするほど売上があがります。営業をするためには交通費が必要です。この場合、交通費と売上には因果関係を持つといえるでしょう。

2．食事配達をしている場合の配達にかかるガソリン代

　→たくさん配達をすれば、売上をあげることができます。しかし、配達をするには車や原付のガソリン代が必要です。この場合のガソリン代も売上と因果関係をもつといえるでしょう。

　上記の２つは売上原価と販管費の区分上では、販管費（旅費交通費など）に属しています。

　一般的には、売上原価が「売上をあげるために直接かかった費用」であることから、「売上原価＝変動費」「販管費＝固定費」というイメージが抱かれやすいです。

　しかし、上記の２つの例では販管費に属する費用であっても、売上と因果関係を持ち、変動費に属することがわかりました。このように、売上原価と販管費、固定費と変動費の区分は違うもの、ということができるのです。

　みなさんも、ここで挙げた例の他に、利益の計算区分上は販管費だけれども、固定費、変動費の区分では変動費に属する費用はどのようなものがあるか、一度考えてみてください。

02　固変分解

　前節で、固定費と変動費とは何か、ということについて理解していただけたと思います。費用全般について、固定費と変動費に区分することを固変分解といいます。先に述べた、原価と販管費の区分に似ているようですが、その性質は全くことなります。

　「原価」は「売上をあげるために直接的にかかった費用」のことをいう、とお伝えしました。
　しかしながら、「変動費」は「売上と連動する費用」のことです。それぞれ売上と関係がある費用ということは変わりませんが、出てくる結果が大きくことなります。
　「販管費」は「通常営業に係る費用で原価以外のもの」となりますが、「固定費は売上と直接因果関係のない支出」となります。実際に例をとって区分してみたほうがわかりやすいと思いますので、事例をみてみましょう。

（例題）
　次の内容を固変分解してみてください。（売上高は区分の必要性はありません。）

（単位：円）

売上高	1,000,000
製造原価　合計	700,000
（製造原価の内訳）	
材料使用高	200,000
工場人件費	300,000
工場維持費	100,000
工場光熱費	100,000
販管費　合計	200,000
営業人件費	100,000
広告宣伝費	50,000
社長給与	50,000
営業利益	100,000

（解答）

（単位：円）

売上高	1,000,000
変動費合計	200,000
材料使用高	200,000
固定費合計	700,000
工場人件費	300,000
工場維持費	100,000
工場光熱費	100,000
営業人件費	100,000
広告宣伝費	50,000
社長給与	50,000
営業利益	100,000

　確かに材料は製品を作れば作るほど使用し、製品は売れれば売れるほど作ることになりますので、変動費となります。しかし、工場の人件費や工場の維持費はどうでしょうか。たくさん作ったからといって、売上にくっついて増加するかといえばそうでないといえます。実際のところはたくさん作るにはたくさんの人の手が必要ですし、たくさん作れば機械の消耗も激しいので、その分経費が多くかかることもあります。しかし、ここではまず、「変動費」「固定費」の区分の考え方を知っていただきたいので、上記のように区分する、として覚えていただければよいと思います。

　売上原価（製造原価）や販売費及び一般管理費の区分には明確なルールがあります。これは決算書の作成に直接かかわるものですから、ある程度ルールを統一しないと、企業間の営業成績を比較することができないからです。しかしながら、固定費、変動費については明確なルールがありません。**固定費、変動費の区分はあくまで「内部」のものであり、外部に公開する必要性はないからです。**

03 固変分解の必要性

1．本当に「儲かる」商品とは？

　前節では費用を固定費と変動費に区分する方法（固変分解）について理解いただけたかと思います。ではなぜ、固定費と変動費に区分するのでしょうか。それは、本当に儲かる商売かどうか、儲かる商品かどうか、について検討するためです。

　ここで「限界利益」という言葉を覚えていただきたいと思います。「限界利益」とは、

限界利益＝売上―変動費

で表現されます。売上から売上原価（製造原価）を引いたものが粗利益でした。限界利益は粗利益の変動費バージョンと覚えていただくとわかりやすいかと思います。

　次の２つの商品について、どちらが儲かる製品といえるでしょうか。将来的に力を入れて販売すべき製品はどちらでしょうか。

商品 A	販売単価 100,000 円		
	製造にかかるコスト	人件費	150,000 円
		製造経費	200,000 円
		材料代	50,000 円／個

商品 B	販売単価　70,000 円		
	製造にかかるコスト	人件費	300,000 円
		製造経費	300,000 円
		材料代	10,000 円／個

15 個売れた場合を比較してみましょう。

商品 A	売上	1,500,000 円	
	製造原価	150,000 円	（人件費）
		200,000 円	（製造経費）
		750,000 円	（材料費）
	粗利益	400,000 円	

商品 B	売上	1,050,000 円	
	製造原価	300,000 円	（人件費）
		300,000 円	（製造経費）
		150,000 円	（材料代）
	粗利益	300,000 円	

となり商品 B の方が、利益がすくないように見えます。しかし、50 個売れたときにどうなるかといいますと、

商品 A	売上	5,000,000 円	
	製造原価	150,000 円	（人件費）
		200,000 円	（製造経費）
		2,500,000 円	（材料費）
	粗利益	2,150,000 円	

商品 B	売上	3,500,000 円	
	製造原価	300,000 円	（人件費）
		300,000 円	（製造経費）
		500,000 円	（材料代）
	粗利益	2,400,000 円	

　なんと商品 A より商品 B の方が、利益が出る格好となりました。なぜでしょうか。それは限界利益を出してみるとわかります。先に述べたように、この事例の場合においては、
　・**固定費＝人件費、製造経費**
　・**変動費＝材料代**
となります。

限界利益を計算してみましょう。

| 商品 A の限界利益 | 100,000 円—50,000 円＝50,000 円 |
| 商品 B の限界利益 | 70,000 円—10,000 円＝60,000 円 |

となります。固定費はどれだけ数を売っても不変ですから、15 個では固定費の大きい側の方が利益は少なくなりますが、たくさん売れてくると限界利益の高い方が、たくさん利益が出てくることになるのです。この場合は**限界利益の差額が固定費の差額を埋めたときに利益が逆転する**ことになります。

　つまり、たくさん販売するのであれば、**限界利益の高い商品の方が効率**がよいといえるのです。企業は「限界利益を高めるため」、一時的なコストを負担してでも、機械を導入したり、改良したり、仕入れ交渉を行ったり、よりよい材料を求めて活動したりしているのです。

Column

＜ピザ屋の来店半額！のナゾ！＞

　みなさん宅配ピザを利用されたことはあるでしょうか。宅配ピザを持ち帰りすると「半額」や「○○%OFF」というようなワードを目にしますね。現実的に「半額」という値段設定がなぜ可能になるのでしょうか。これは実はピザをつくり、配達までにかかる費用を考えてみるとわかるのです。

　宅配ピザ屋さんがピザをつくって、みなさんのお手元に届くまで、次のような経費がかかっています。
　変動費＝ピザの生地代、チーズ代、具材代 etc.
　固定費＝ピザを作る人の人件費、ピザを焼くための設備代、店舗スペースの賃借料、**配達する人の人件費、宅配のための設備費、宅配のためのガソリン代**　etc.

　ピザを 1 枚頼んだとしましょう。宅配でも、店舗受取でも、同じピザ 1 枚にかかる変動費はかわりませんね。しかし、宅配の場合は配達する人の人件費がかかっています。宅配でも店舗受取でもピザ 1 枚あたりの利益はある程度同じでなければなりません。

> 宅配の場合
> **利益＝1枚あたりの売上高―生地代などの変動費―人件費などの固定費―宅配の人件費―宅配のための設備費など**
>
> 店舗受取の場合
> **利益＝1枚あたりの売上高―生地代などの変動費―人件費などの固定費**
> となります。
>
> どうでしょうか。利益が同じだとすると宅配の場合は人件費がかかるため、はそれなりの売上高をあげなければなりませんが、店舗受取の場合は、配達員の人件費、宅配の設備費などがかからないので、配達員の人件費の分の売上が下がっても、同じだけ利益が残せますね。これが「ピザ半額！」のトリックなのです。

２．経費の有効な利用方法

　費用を考える上で、重要な考え方があります。費用を効果的に使うためには、**「費用支出の有用性を高める」** と、**「目的をはっきりさせること」** ことが大事です。

　費用支出の有用性を高めるためには分析が必須です。代表的な経費としてみなさんの人件費があります。みなさんにとっては収入ですが、支払う側からすれば、みなさんの人件費も当然費用の一部として取り扱われます。

　人件費は時間をつかった分析を行うことが有効です。

> **月間売上高÷営業日数＝1日あたり売上高**
> **月間個人売上高÷月間労働時間＝1時間あたり売上高**
> **月間給与÷月間労働時間＝1時間あたり給与**

　特に人は置かれた環境が異なることが多く、単純比較ができないことが多いのです。例えば、
　・パート勤務で勤務時間が少なく月間営業成績が50万円の人
　・フルタイムで勤務しており、月間営業成績が100万円の人
の場合、どちらの生産性がよいか、求められる生産性はいくらかというときに、基準が非常に定めにくいですね。こういったものを細分化することで基準がかなり定めやすくなりますし、比較がものすごくしやすくなります。目標に対しての自己分析もしやすくなると思います。

4

変動費と固定費

細分化することは目標の達成にも役立てることができます。次の場合はどうでしょうか。

・１か月で 300 万円の売上をあげるように指示される。

・１か月で 300 万円の売上といわれたので、１日 10 万円の売上をあげるように目標づける。

　どちらが目指しやすいでしょうか。一目瞭然かと思います。30 日後に 300 万円の売上というと、非常に漠然としてしまって、わかりにくいと思いますし、足りないからと、夏休みの宿題のようにかけこみでやるわけにもいきませんね。１日あたりで基準が決められれば、**常に目標と比較し、不足も早い段階でわかるので、その対策を考えることができますね。**売上の目標達成のためにもこういった分析手法は役立ちます。

　第２は、「**目的をはっきりさせること**」になります。例えば、

・本社の社屋があるところの土地建物維持管理費

・営業パンフレットの作成費用

これらの費用の目的がはっきりと違うことがわかるでしょうか。

　本社社屋の維持管理費はあくまで内向き、つまり自社のためにかかるコストですが、営業パンフレットは外向きの費用です。パンフレット代や顧客の接待費用など外向きの費用、つまり顧客獲得のための費用をあまり節約しすぎると、短期的には経費節減になりますが、長期的には売上の減少につながる可能性があります。企業活動はずっとつづけていかなければなりませんから、長期的な視野で費用を使っていかなければなりません。その効果の有用性について考えることはとても大事で、「目的のはっきりしない費用」を使うことはお勧めできませんが、使うべきところはきちんと使っていかなければならない、と覚えておいてください。

第 5 章

利益を出すためには何をする？
― 損益分岐点 ―

01 「利益が出ている」とは？

　第5章では利益についての理解を深めていきます。第3章では様々な「利益」を勉強してきました。粗利益、営業利益、経常利益、税引前利益、でしたね。では、一般的にいう「利益が出ている会社」、とはどの利益が出ていることをいうのでしょうか。

　それは**「税引前利益」が出ている会社**になります。正しくは税金を払ってなお利益が残る会社が一番いいのですが、本書では税引後利益は学習しませんので、「税引前利益」が残っている会社が「利益が出ている会社」ということにしておきましょう。

　各点における利益（粗利益、営業利益、経常利益、税引前利益）が残っていることは重要ですが、一番大事なのは**「企業活動の結果」**として**「最後の利益をきちんと残せたか」**ということになります。

　利益をプラスにすることにより、次のような効果が得られます。

・会社のお金がプラスになるので、新しい設備投資ができる。結果、時代の先端をいくことができる。
・株主に配当を出すことができるため、会社に魅力を感じてもらえ、資本（会社活動のもとになるお金）を株主から集めやすい。
・銀行の信用もつくため、お金を借りやすい。
・利益が出ていると、経営に余裕ができるため、長期的視野に立って経営が可能になる。新しい事業なども実行しやすい。

　利益がプラスになることによって、良い循環を生んでいることがわかると思います。逆に利益が出ていない場合、会社がどうなっていくか、イメージしてみてください。

・会社のお金がマイナスになるので、設備投資がしにくい。結果、時代に取り残されてしまう。

・株主に配当を出すことができず、会社に魅力を感じてもらいにくくなる。結果、資本（会社活動のもとになるお金）を株主から集めにくくなる。

・銀行の信用がなく、お金を借りにくい。

・利益が出ていないと、目先の利益を追いかけざるを得ず、短期視点での経営になってしまう。

利益がマイナスですと、悪い循環を生んでしまうこととなります。そのような事態を避けるため、会社はしっかりと利益を出していく必要があるのです。

ここで大事なことは「利益」をしっかり出す、というところです。「利益」を出すことにネガティブな印象を持つ方もいらっしゃいますが、会社は「利益」を出さないと存続し続けられません。前章で述べたように、「利益」は売上と経費両方の要素で決定されます。「利益」を出すにあたっては、売上をあげることも重要ですが、経費をコントロールすることも重要です。売上だけに偏って、売上以上に費用を使ってもいけませんし、かといって、売上を軽視してもいけません。つまり、**バランスが重要**といえるのです。

5

利益を出すためには何をする？

02　損益分岐点

　会社は「利益」を出すことが大事ということ、そして「利益」を出すためには「売上と経費のバランスが大事」ということをお話ししました。実際のところ、費用をゼロにすることはできません。そのため、ある程度必要な費用を支払った上で、利益がでるかどうかという判断をしていかなければならないのです。

　ただ、日常的には「売上」の方が身近に感じやすいですし、把握もしやすいのが実情です。そのためには「いくら売上をあげれば収支がトントンになるか」というラインを把握しておく必要があります。この「いくら売上をあげれば収支がトントンになるか」というラインのことを**「損益分岐点」**といいます。

　この損益分岐点の計算のためには、限界利益率という数字が必要となります。限界利益率の算定方法は次の通りです。

限界利益率＝限界利益÷売上

（「○○率」ときたら、売上で割るのでしたね。）

　したがって、「限界利益＝売上―変動費」ですから、次のようにも言い換えることができます。

限界利益率＝（売上―変動費）÷売上

　これらを踏まえたうえで、損益分岐点は次の算式で表現されます。

損益分岐点＝固定費÷限界利益率

　この算式の表す意味は、「限界利益で固定費を払えるか」ということです。限界利益率が80％、固定費が10万円だった場合を考えてみましょう。この場合に、10万円の売上をあげるだけでは、営業利益は「10万円×80％－10万円＝△2万円」となってしまいます。**つまり、変動費がかかる分だけ、赤字になってしまうのです。**これを解消するためには変動費を差し引いて、なお10万円の固定費支払分を残す必要があることになります。しかし、売上を増やすたびに変動費は増えていきます。ピッタリ「10万円の固定費を支払える売上高」のことを損益分岐点といいます。

事例でさらに具体的に考えてみましょう。

（事例）

```
売上　　100 万円
変動費　20 万円（20%）
固定費　90 万円
利益　　△10 万円
```

　この赤字を解消するには売上がいくら必要でしょうか。先ほどの説明のように赤字が 10 万円だから、10 万円売上を増やしてみます。すると、

```
売上　　110 万円
変動費　22 万円（20%）
固定費　90 万円
利益　　△2 万円
```

　となってしまい、変動費も一緒に増加（20 万円→22 万円）となるので、その分赤字が残ってしまうことがわかると思います。これを防ぐために、前の算式によって計算してみることとします。限界利益率は、「（100−20 万円）÷100 万円＝0.8＝80%」ですから、

```
損益分岐点＝固定費÷限界利益率
　　　　　＝90 万円÷0.8
　　　　　＝112.5 万円
```

　となります。112.5 万円売上をあげたら、本当に利益「0」になるか検証してみましょう。

```
売上　　112.5 万円
変動費　22.5 万円（20%）
固定費　　90 万円
利益　　　0 万円
```

　利益がぴったり「0」になりましたね。このように損益分岐点がわかると「いくら売上をあげればよいか」ということが明確に数字として把握できるのです。

損益分岐点を図で表すと、次のような図になります。

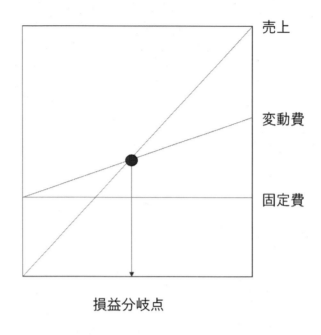

損益分岐点

図表 5-1：損益分岐点のイメージ図

　横にずっと伸びている線が固定費です。固定費は売上に関わらず一定ですから、売上が伸びても変わらず、横一直線になります。売上が増えると変動費も増えますので、変動費は右にいくほど増加していくことになります。費用の合計は「固定費＋変動費」であるため、変動費のグラフは固定費の上に乗る形となります。

　「売上＜変動費」となることは通常ありえない（もしそうだとすると、売れば売るほど損をすることになる）ので、売上グラフを伸ばしていくと、いつか、「固定費＋変動費」のグラフと交わります。この交点が損益分岐点となります。

03 変動費型産業と固定費型産業

1. 変動費型産業

　産業はその形態で変動費が多い産業と固定費が多い産業に分けることができます。**小売業、卸売業**などは、基本的に仕入が費用の大半を占めることになります。こういった、変動費の多い産業をここでは**「変動費型産業」**と呼ぶこととします。

　変動費型産業はその性格から限界利益率が低めになる傾向があります。それがいいとか、悪いとかの話ではありません。産業構造上、他社からの仕入が占めるウェートが大きいため、必然的に限界利益率が低くなる傾向にあります。その一方で扱う商品数が多く、売上も大きくあげやすい業態といえるのです。

　変動費型産業の特徴を整理すると、
・仕入（変動費）が大きくなりやすく、総じて限界利益率は低くなりやすい。
・一方で事業規模に比べて売上が大きく計上されやすい。
という特徴があります。

　例をみてみましょう。

売上高	266,849（百万円）
営業原価	195,810（百万円）（原価率 73.37%）

（マックスバリュ東海㈱　2020年2月期　連結決算IR資料より）

　上記はイオン系列の小売業である、マックスバリュ東海㈱の決算です。原価率が73.37%とかなり高めであることがわかると思います。もっともこれでも相当程度企業努力を重ねてこの率までたどり着いていますので、何もしなければもっともっと率が高くなることは自明であるといえます。

　そして原価率が1%変わると、「2,668（百万円）＝2,668,000,000（円）」変わることになります。たった1%でも企業経営に与える影響が大きいことがわかります。

２．固定費型産業

　他方、固定費が費用の大半のウェートを占める産業をここでは「**固定費型産業**」と呼ぶことにします。固定費型産業は変動費型産業とは逆に、仕入などの原価（変動費）が少なく、限界利益率が高めになる傾向があります。しかしながら、固定費の占めるウェートが高いことから、利益を出すためには、全体として比率が高めの固定費よりも多くの限界利益を創出する必要があるといえます。

　固定費型産業の例示としては、
・ソフトウェア業（原材料を使わず、人の意思で無形の製品を製造する、ともいえます。）
・士業などの専門資格業、コンサルティング業など
・医療機関や介護施設などのサービス業
などが挙げられます。製造業に関しては、その材料の値段や製造する製品の付加価値などによってどちらに区分されるかは変わりますし、また飲食業なども一定の原価（食材費）をもつことから、どちらに区分されるかはその提供する飲食の内容によって左右されるといえるでしょう。

　このように大きな括りではありますが、自身の携わっている産業がどのような性質を持つかについて、認識を持っておく必要があります。

　固定費型産業についても見ておきましょう。以下は、幅広い内容で企業コンサルティングを主たる業務とする山田コンサルティンググループ㈱の決算です。

売上高	13,576（百万円）
売上原価	1,696（百万円）（原価率 12.4%）
販管費	9,670（百万円）（販管費率 71.2%）
（うち給与賞与）	6,553（百万円）（人件費率　48.2%）

（山田コンサルティンググループ㈱　2020 年 3 月期　連結決算 IR 資料より。なお実際の資料では千円単位で記載されているものを百万円単位に変更しています。）

　売上原価が 12%程度と抑制されている一方で、固定費の最たるものである、人件費が売上に対して 50%近い値になっている点に注目ですね。販管費すべてが固定費であるとは言い切れませんが、費用の構造の相違がわかります。

　このように、その産業によって費用の構造は大きく異なるといえるのです。

04 変動費型産業の考え方

　先に変動費型産業は売上規模が大きくなりやすい一方、限界利益率が低くなる傾向にある、と述べました。

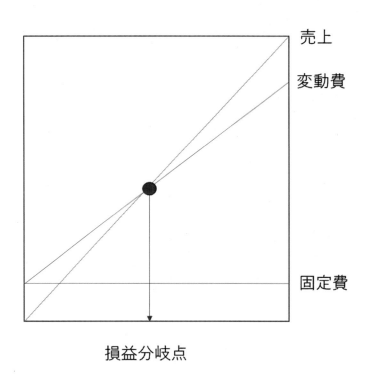

損益分岐点

図表 5-2：変動費型産業の損益分岐点イメージ

　それでは変動費型産業の利益を改善するにはどうしたらよいでしょうか。

　まずは**「限界利益率の改善」**が思い浮かびますね。売上規模がもともと大きいわけですから、前にみたように率が１％変わるだけで劇的に利益は改善されます。他方、生鮮食品などを取り扱う場合には天候などによって、大きく率が変動する可能性があり、安定した経営を行うにはその変動を抑制する必要があります。裏を返せば原価率が１％上がるだけで経営に甚大な影響があるともいえるのです。

　限界利益率の改善や安定の手段には、

・独自の自社ルートの構築、提携先の確保
・プライベートブランドの開発

などがあります。これは製造業であってもいえますね。ポテトチップスなどの食品を作る会社（食品製造業等）は提携農場を確保することが販売する商品、製品などの質、原価を安定させる意味では必須といえます。

　変動費型産業は変動費のコントロールが大きな要素ですが、固定費のコントロールも怠ってはいけません。当然ながら、利益を 100 あげるのに必要な売上高が大きいわけですから、変動費を支払った後に支出する固定費が大きくてよい理由はないからです。変動費型産業の場合は販売形態、販売チャネルも多種多様ですから、そこには臨機応変な対応が求められます。

05 固定費型産業の考え方

固定費型産業の損益分岐点を図示すると次のようになります。

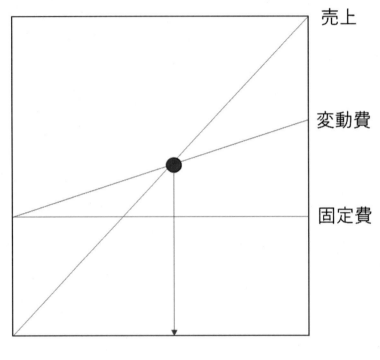

図表 5-3：固定費型産業の損益分岐点イメージ

　先に示した変動費型産業の図より、固定費の線が上にきており、変動費の傾きが少ないことが見て取れることと思います。そして、損益分岐点を上げるための売上高がやや右側に来ていることもおわかりでしょうか。

　このグラフからは、**固定費型産業は「損益分岐点にいくまでは大変」**だが、**限界利益率が高いため、「損益分岐点を超えだすと利益が大きく出る」**ことが特徴といえます。しかし、モノの販売など物的な価値でなく、人のパフォーマンス、すなわち無形の価値により売上を創り出すという要素が大きい産業です。そのため、人件費が大きな固定費のウェートを占める一方で、その人件費を無理して節約しようとすると、現場に負担がかかったりして、かえって売上を落としてしまうことがあったりします。

　　固定費型産業をうまく回すためには、

・適切な人件費で人材を雇用する。
・必要以上の人員配置をしない。
・その他の固定費（たとえば建物の減価償却費など）について過剰に投資をしない。

など、費用の適切な利用、すなわち固定費のコントロールがポイントになってくるといえるの
です。

第 6 章

練習問題

01　練習問題1

問1（第1章）

企業の構造について、次のカッコ内を埋めてください。

・小売業の特徴はモノの（①）を行い、（②）する過程があることである。

・製造業の特徴はモノの（③）を行う工程が入ることである。

・サービス業の特徴は（①）が（④）ことである。

①		②	
③		④	

問2（第1章）

次の文章について正しいものに〇を、間違っているものに×をつけてください。

① 　うまくいかなかった時でも、主観で判断して自分なりに解決していけばよい。

② 　過去の実績は過去のものであり、参考にならない。

③ 　PDCAサイクルにあたり、「計画」「検証」の際に数字は必須である。

④ 　数字は理解しなくても、企業の活動は「やっていること」のみで理解できる。

①		②	
③		④	

問3（第2章）

売上の内容について、次のカギカッコ内を埋めてください。

・売上は「①」×「②」で表現できる。

・数量は「③」×「購入率」×「④」で表現できる。

①		②	
③		④	

問4 （第2章）

商品単価について、自身が自由に決められるとした場合、単価の決定のパターンを3つ挙げてください（①～③）。その中で、実際にはどのような要素で決まるか回答してください（④）。

①	
②	
③	
④	

問5 （第2章）

次の文章について、正しいものの番号を抜き出してください。

① 企業は自社の商品、製品を知ってもらうためにテレビCMやインターネット広告、新規顧客に対する営業を行う。これは知ってもらうことがとても重要であるためである。

② 購入率とは、広告宣伝の結果、知ってもらって「実際に手に取ってくれた人の割合」と言い換えることができる。

③ 潜在顧客数は「集客活動（時間、人）×反応率」と言い換えることができる。

④ 「ストック収入」と「フロー収入」では同額であれば、「ストック収入」の方がよい。なぜならば、「ストック収入」は継続的に購入してもらえるからである。

正しいものの番号	

問6 （第3章）

利益の類型について、次のカッコ内を埋めてください。

・粗利益＝売上—（①）

・営業利益＝粗利益—（②）

・経常利益＝営業利益＋営業外収益—（③）

・税引前利益＝経常利益＋（④）—特別損失

①		②	
③		④	

問 7 （第 3 章）

次の文章について正しいものに〇を、間違っているものに×をつけてください。

① 「売上原価＝売上単価×売上数量」である。

② 「原価率＝売上原価÷売上」である。

③ 製造業においては売上原価のことを「商品原価」という。

④ 粗利益が出ていない企業の場合、商品販売ルート、製品設計、販売価格などに問題がないかどうか検証する必要がある。

①		②	
③		④	

問 8 （第 4 章）

次の文章で説明される言葉はなんというか答えてください。

① 売上に関係なく発生する費用

② 売上に連動する費用

③ 費用の内訳を①の費用と②の費用に分解すること

④ 「売上―変動費」で表現される利益の区分

①		②	
③		④	

問 9 （第 4 章）

費用を効果的に使うために考えるべきことを 2 つ答えてください。

問１０（第5章）

次の文章について正しいものに○を、間違っているものに×をつけてください。

① 企業活動において、利益をプラスにすることにより、株主や銀行から資金調達がしやすくなる。

② 利益を出すためにはひたすら「売上」をあげればよい。

③ いくら売上をあげれば収支トントンになるか、というラインのことを「損益分岐点」という。

④ ③で示されるラインは「固定費÷限界利益」で求められる。

①		②	
③		④	

問１１（第5章）

次の文章について正しいものに○を、間違っているものに×をつけてください。

① 固定費型産業としては、小売業、卸売業が挙げられる。

② 変動費型産業においては、全体の費用に対して占める割合としては固定費の割合が低く、変動費の割合が高い。

③ 固定費型産業は、損益分岐点を超える売上があがりだすと、利益が大きくでる。

④ 売上 100 万円、変動費 20 万円、固定費 90 万円（＝利益△10 万円）の企業が黒字化するためには、売上を 10 万円増やせばよい。

①		②	
③		④	

02 練習問題1　解答

問1（第1章）

企業の構造について、次のカッコ内を埋めてください。

・小売業の特徴はモノの（①）を行い、（②）する過程があることである。

・製造業の特徴はモノの（③）を行う工程が入ることである。

・サービス業の特徴は（①）が（④）ことである。

①	仕入	②	販売
③	製造	④	ない

問2（第1章）

次の文章について正しいものに〇を、間違っているものに×をつけてください。

① うまくいかなかった時でも、主観で判断して自分なりに解決していけばよい。

② 過去の実績は過去のものであり、参考にならない。

③ PDCAサイクルにあたり、「計画」「検証」の際に数字は必須である。

④ 数字は理解しなくても、企業の活動は「やっていること」のみで理解できる。

①	×	②	×
③	〇	④	×

問3（第2章）

売上の内容について、次のカギカッコ内を埋めてください。

・売上は「①」×「②」で表現できる。

・数量は「③」×「購入率」×「④」で表現できる。

①	単価	②	数量
③	潜在顧客数	④	購入個数

（①と②は順不同）

問４（第２章）

　商品単価について、自身が自由に決められるとした場合、単価の決定のパターンを３つ挙げてください（①～③）。その中で、実際にはどのような要素で決まるか回答してください（④）。

①	商品やサービス提供にかかるコスト＋自分の欲しいもうけ
②	顧客が払ってもよいと思うお金
③	市場競争によって決まる
④	市場競争によって決まる

問５（第２章）

　次の文章について、正しいものの番号を抜き出してください。

① 企業は自社の商品、製品を知ってもらうためにテレビ CM やインターネット広告、新規顧客に対する営業を行う。これは知ってもらうことがとても重要であるためである。

② 購入率とは、広告宣伝の結果、知ってもらって「実際に手に取ってくれた人の割合」と言い換えることができる。

③ 潜在顧客数は「集客活動（時間、人）×反応率」と言い換えることができる。

④ 「ストック収入」と「フロー収入」では同額であれば、「ストック収入」の方がよい。なぜならば、「ストック収入」は継続的に購入してもらえるからである。

正しいものの番号	①、②、④

＜解説＞　③　「潜在顧客数」＝「集客活動（時間、人）×反応率**×投下コスト**」

問６（第３章）

　利益の類型について、次のカッコ内を埋めてください。

・粗利益＝売上―（①）

・営業利益＝粗利益―（②）

・経常利益＝営業利益＋営業外収益―（③）

・税引前利益＝経常利益＋（④）―特別損失

①	売上原価	②	販売費及び一般管理費（販管費）
③	営業外費用	④	特別利益

問7（第3章）

次の文章について正しいものに〇を、間違っているものに×をつけてください。

① 「売上原価＝売上単価×売上数量」である。

② 「原価率＝売上原価÷売上」である。

③ 製造業においては売上原価のことを「商品原価」という。

④ 粗利益が出ていない企業の場合、商品販売ルート、製品設計、販売価格などに問題がないかどうか検証する必要がある。

①	×	②	〇
③	×	④	〇

＜解説＞　① 「売上原価＝**仕入**単価×売上数量」

　　　　　③ 製造業の場合、「**製造**原価」という。

　　　　　④ 粗利益がでていない企業は、価格設定に問題がある可能性もある。

　　　　　（第3章では直接述べていないが、じっくり考えてみてほしい。）

問8（第4章）

次の文章で説明される言葉はなんというか答えてください。

① 売上に関係なく発生する費用

② 売上に連動する費用

③ 費用の内訳を①の費用と②の費用に分解すること

④ 「売上―変動費」で表現される利益の区分

①	固定費	②	変動費
③	固変分解	④	限界利益

問9（第4章）

費用を効果的に使うために考えるべきことを2つ答えてください。

目的をはっきりさせること	費用支出の有用性を高めること

問１０（第5章）

次の文章について正しいものに〇を、間違っているものに×をつけてください。

① 企業活動において、利益をプラスにすることにより、株主や銀行から資金調達がしやすくなる。

② 利益を出すためにはひたすら「売上」をあげればよい。

③ いくら売上をあげれば収支トントンになるか、というラインのことを「損益分岐点」という。

④ ③で示されるラインは「固定費÷限界利益」で求められる。

①	〇	②	×
③	〇	④	×

＜解説＞　④　損益分岐点は「固定費÷限界利益**率**」で求められます。

問１１（第5章）

次の文章について正しいものに〇を、間違っているものに×をつけてください。

① 固定費型産業としては、小売業、卸売業が挙げられる。

② 変動費型産業においては、全体の費用に対して占める割合としては固定費の割合が低く、変動費の割合が高い。

③ 固定費型産業は、損益分岐点を超える売上があがりだすと、利益が大きくでる。

④ 売上100万円、変動費20万円、固定費90万円（＝利益△10万円）の企業が黒字化するためには、売上を10万円増やせばよい。

①	×	②	〇
③	〇	④	×

① 小売業、卸売業は変動費型産業。

④ 変動費の考慮が漏れている。

03 練習問題2

練習問題2は計算問題が中心となります。

問題1（第2章）

① 次の場合の売上を計算してください。

単価　　500円　　数量　100個

② 次の場合の数量を計算してください。

潜在顧客数　100人　購入率　30%　購入個数　2個／人

③ ②の場合に購入個数が3個／人となった場合の販売数量

④ 次の場合の顧客単価を計算してください。

1人あたりの商品単価　100円　購入点数　10個

①		②	
③		④	

問題2（第3章）

次の場合の各利益を計算してください。

売上高	500,000円
売上原価	100,000円
販管費	200,000円
営業外収益	50,000円
営業外費用	20,000円
特別利益	100,000円

粗利益	円	営業利益	円
経常利益	円	税引前利益	円

問題3（第4章）

　一般的な製造業の場合において、次の費用を固定費と変動費に区分してください。

① 　工場の人件費

② 　営業部隊の人件費

③ 　材料代

④ 　工場の水道光熱費（製造に直接かかわる分以外）

⑤ 　製品10個あたりに1個使う機械のパーツ代

⑥ 　本社家屋の固定資産税

①		②	
③		④	
⑤		⑥	

問題4（第5章）

① 　次の場合の限界利益率を計算してください。

売上　　　100万円

変動費　　25万円

② 　①の場合において、固定費が150万円だった場合の損益分岐点を計算してください。

①		②	

04 練習問題2　解答

問題1 （第2章）

① 次の場合の売上を計算してください。

　　単価　　500円　　数量　100個

② 次の場合の数量を計算してください。

　　潜在顧客数　100人　購入率　30%　購入個数　2個／人

③ ②の場合に購入個数が3個／人となった場合の販売数量

④ 次の場合の顧客単価を計算してください。

　　1人あたりの商品単価　100円　購入点数　10個

①	50,000円	②	60個
③	90個	④	1,000円

問題2 （第3章）

　次の場合の各利益を計算してください。

売上高	500,000円
売上原価	100,000円
販管費	200,000円
営業外収益	50,000円
営業外費用	20,000円
特別利益	100,000円

粗利益	400,000　円	営業利益	200,000　円
経常利益	230,000　円	税引前利益	330,000　円

問題3（第4章）

　一般的な製造業の場合において、次の費用を固定費と変動費に区分してください。

① 　工場の人件費

② 　営業部隊の人件費

③ 　材料代

④ 　工場の水道光熱費（製造に直接かかわる分以外）

⑤ 　製品 10 個あたりに 1 個使う機械のパーツ代

⑥ 　本社家屋の固定資産税

①	固定費	②	固定費
③	変動費	④	固定費
⑤	変動費	⑥	固定費

問題4（第5章）

① 　次の場合の限界利益率を計算してください。

売上　　100 万円

変動費　25 万円

② 　①の場合において、固定費が 150 万円だった場合の損益分岐点を計算してください。

①	75%	②	200 万円

著者紹介

大久保　聖（おおくぼ　たかし）
グロースリンク税理士法人所属
金沢大学経済学部経済学科卒　　名古屋経済大学大学院法学研究科修了
大学卒業後、大手税理士法人へ勤務し、その後、グロースリンク税理士法人へ所属。業界15年以上の経歴と幅広い知識を武器に、幸せと利益を両立する「いい会社」を増やすというミッションのもと、日々クライアントの経営成績向上のためのアドバイスを行っている。

職業訓練法人Ｈ＆Ａ　営業に必要な数字

2021年4月1日　　初 版 発 行
2023年4月1日　　第三刷発行

著 者　大久保　聖

発行所　　職業訓練法人Ｈ＆Ａ
〒472-0023　愛知県知立市西町妻向14-1
TEL 0566(70)7766
FAX 0566(70)7765

発　売　　株式会社　三恵社
〒462-0056　愛知県名古屋市北区中丸町2-24-1
TEL 052(915)5211
FAX 052(915)5019
URL http://www.sankeisha.com

乱丁・落丁の場合はお取替えいたします。
ISBN978-4-86693-408-2